TRANZLATY

Language is for everyone

Kieli kuuluu kaikille

Aladdin and the Wonderful Lamp

Aladdin ja Ihana Lamppu

Antoine Galland

English / Suomi

Copyright © 2025 Tranzlaty
All rights reserved
Published by Tranzlaty
ISBN: 978-1-83566-920-4
Original text by Antoine Galland
From *"Les mille et une nuits"*
First published in French in 1704
Taken from The Blue Fairy Book
Collected and translated by Andrew Lang
www.tranzlaty.com

Once upon a time there lived a poor tailor
Olipa kerran köyhä räätäli
this poor tailor had a son called Aladdin
tällä köyhällä räätälillä oli poika nimeltä Aladdin
Aladdin was a careless, idle boy who did nothing
Aladdin oli huolimaton, laiska poika, joka ei tehnyt mitään
although, he did like to play ball all day long
vaikka hän halusi pelata palloa koko päivän
this he did in the streets with other little idle boys
tämän hän teki kaduilla muiden pikkupoikien kanssa
This so grieved the father that he died
Tämä harmitti isää niin paljon, että hän kuoli
his mother cried and prayed, but nothing helped
hänen äitinsä itki ja rukoili, mutta mikään ei auttanut
despite her pleading, Aladdin did not mend his ways
Rukouksestaan huolimatta Aladdin ei korjannut tapojaan
One day, Aladdin was playing in the streets, as usual
Eräänä päivänä Aladdin leikki kaduilla, kuten tavallista
a stranger asked him his age
muukalainen kysyi häneltä hänen ikänsä
and he asked him, "are you not the son of Mustapha the tailor?"
ja hän kysyi häneltä: "Etkö sinä ole räätälin Mustafan poika?"
"I am the son of Mustapha, sir," replied Aladdin
"Olen Mustafan poika, sir", vastasi Aladdin
"but he died a long time ago"
"mutta hän kuoli kauan sitten"
the stranger was a famous African magician
muukalainen oli kuuluisa afrikkalainen taikuri
and he fell on his neck and kissed him
ja hän kaatui hänen kaulalleen ja suuteli häntä
"I am your uncle," said the magician
"Olen setäsi", sanoi taikuri
"I knew you from your likeness to my brother"
"Tunsin sinut veljeni kaltaisuudestasi"
"Go to your mother and tell her I am coming"
"Mene äitisi luo ja kerro hänelle, että olen tulossa"

Aladdin ran home and told his mother of his newly found uncle
Aladdin juoksi kotiin ja kertoi äidilleen äskettäin löydetystä setästään
"Indeed, child," she said, "your father had a brother"
"Totisesti, lapsi", hän sanoi, "isälläsi oli veli"
"but I always thought he was dead"
"mutta luulin aina hänen kuolleen"
However, she prepared supper for the visitor
Hän kuitenkin valmisteli vieraalle illallisen
and she bade Aladdin to seek his uncle
ja hän käski Aladdinia etsimään setänsä
Aladdin's uncle came laden with wine and fruit
Aladdinin setä tuli kuormattuna viiniä ja hedelmiä
He fell down and kissed the place where Mustapha used to sit
Hän kaatui ja suuteli paikkaa, jossa Mustapha tapasi istua
and he bid Aladdin's mother not to be surprised
ja hän käski Aladdinin äitiä olemaan yllättynyt
he explained he had been out of the country for forty years
hän selitti olleensa poissa maasta neljäkymmentä vuotta
He then turned to Aladdin and asked him his trade
Sitten hän kääntyi Aladdinin puoleen ja kysyi häneltä kauppaa
but the boy hung his head in shame
mutta poika pudotti päätään häpeään
and his mother burst into tears
ja hänen äitinsä purskahti itkuun
so Aladdin's uncle offered to provide food
joten Aladdinin setä tarjoutui tarjoamaan ruokaa
The next day he bought Aladdin a fine set of clothes
Seuraavana päivänä hän osti Aladdinille hienon vaatesarjan
and he took him all over the city
ja hän vei hänet kaikkialle kaupunkiin
he showed him the sights of the city
hän näytti hänelle kaupungin nähtävyydet
at nightfall he brought him home to his mother

yöllä hän toi hänet kotiin äitinsä luo
his mother was overjoyed to see her son so well dressed
hänen äitinsä oli iloinen nähdessään poikansa niin hyvin pukeutuneena
The next day the magician led Aladdin into some beautiful gardens
Seuraavana päivänä taikuri johdatti Aladdinin kauniisiin puutarhoihin
this was a long way outside the city gates
tämä oli pitkä matka kaupungin porttien ulkopuolella
They sat down by a fountain
He istuivat suihkulähteen viereen
and the magician pulled a cake from his girdle
ja taikuri veti kakun vyöllään
he divided the cake between the two of them
hän jakoi kakun heidän kahden kesken
Then they journeyed onward till they almost reached the mountains
Sitten he matkasivat eteenpäin, kunnes melkein saavuttivat vuorille
Aladdin was so tired that he begged to go back
Aladdin oli niin väsynyt, että hän pyysi palata
but the magician beguiled him with pleasant stories
mutta taikuri vietteli hänet miellyttävillä tarinoilla
and he led him on in spite of his laziness
ja hän johdatti hänet eteenpäin laiskuudestaan huolimatta
At last they came to two mountains
Lopulta he tulivat kahdelle vuorelle
the two mountains were divided by a narrow valley
kaksi vuorta jaettiin kapealla laaksolla
"We will go no farther," said the false uncle
"Emme mene pidemmälle", sanoi väärä setä
"I will show you something wonderful"
"Näytän sinulle jotain ihanaa"
"gather up sticks, while I kindle a fire"
"kerää tikkuja, kun sytytän tulta"
When the fire was lit the magician threw a powder on it

Kun tuli sytytettiin, taikuri heitti sen päälle jauhetta
and he said some magical words
ja hän sanoi maagisia sanoja
The earth trembled a little and opened in front of them
Maa vapisi hieman ja avautui heidän edessään
a square flat stone revealed itself
neliön muotoinen litteä kivi paljasti itsensä
and in the middle of the stone was a brass ring
ja kiven keskellä oli messinkisormus
Aladdin tried to run away
Aladdin yritti paeta
but the magician caught him
mutta taikuri sai hänet kiinni
and gave him a blow that knocked him down
ja antoi hänelle iskun, joka kaatui hänet
"What have I done, uncle?" he said, piteously
"Mitä minä olen tehnyt, setä?" hän sanoi säälittävästi
the magician said more kindly, "Fear nothing, but obey me"
taikuri sanoi ystävällisemmin: "Älä pelkää, mutta tottele minua."
"Beneath this stone lies a treasure which is to be yours"
"Tämän kiven alla on aarre, joka tulee olemaan sinun"
"and no one else may touch this treasure"
"Eikä kukaan muu saa koskea tähän aarteeseen"
"so you must do exactly as I tell you"
"Joten sinun täytyy tehdä juuri niin kuin käsken"
At the mention of treasure Aladdin forgot his fears
Aarteen mainittaessa Aladdin unohti pelkonsa
he grasped the ring as he was told
hän tarttui sormukseen, kuten hänelle kerrottiin
and he said the names of his father and grandfather
ja hän sanoi isänsä ja isoisänsä nimet
The stone came up quite easily
Kivi nousi melko helposti
and some steps appeared in front of them
ja heidän eteensä ilmestyi joitakin askelmia
"Go down," said the magician

"Mene alas", sanoi taikuri
"at the foot of those steps you will find an open door"
"niiden portaiden juurelta löydät avoimen oven"
"the door leads into three large halls"
"ovi johtaa kolmeen suureen saliin"
"Tuck up your gown and go through the halls"
"Pitäkää puku ylös ja mene käytävien läpi"
"make sure not to touch anything"
"varmista, ettet koske mihinkään"
"if you touch anything, you will instantly die"
"jos kosket mihinkään, kuolet heti"
"These halls lead into a garden of fine fruit trees"
"Nämä salit johtavat hienojen hedelmäpuiden puutarhaan"
"Walk on until you reach a gap in the terrace"
"Kävele, kunnes saavutat aukon terassilla"
"there you will see a lighted lamp"
"siellä näet sytytetyn lampun"
"Pour out the oil of the lamp"
"Kaada öljyä lampusta"
"and then bring me the lamp"
"ja tuo sitten minulle lamppu"
He drew a ring from his finger and gave it to Aladdin
Hän veti sormuksestaan sormuksen ja antoi sen Aladdinille
and he bid him to prosper
ja hän käski hänen menestyä
Aladdin found everything as the magician had said
Aladdin löysi kaiken kuten taikuri oli sanonut
he gathered some fruit off the trees
hän poimi hedelmiä puista
and, having got the lamp, he arrived at the mouth of the cave
ja saatuaan lampun hän saapui luolan suulle
The magician cried out in a great hurry
Taikuri huusi suuressa kiireessä
"Make haste and give me the lamp"
"Kiirehdi ja anna minulle lamppu"
Aladdin refused to do this until he was out of the cave
Aladdin kieltäytyi tekemästä tätä ennen kuin oli ulos luolasta

The magician flew into a terrible rage
Taikuri lensi hirveään raivoon
he threw some more powder on to the fire
hän heitti lisää jauhetta tuleen
and then he cast another magic spell
ja sitten hän loi toisen taikuuden
and the stone rolled back into its place
ja kivi vierähti takaisin paikalleen
The magician left Persia for ever
Taikuri lähti Persiasta lopullisesti
this plainly showed that he was no uncle of Aladdin's
tämä osoitti selvästi, ettei hän ollut Aladdinin setä
what he really was was a cunning magician
mitä hän todella oli, oli ovela taikuri
a magician who had read of a magic lamp
taikuri, joka oli lukenut taikalampusta
a magic lamp which would make him the most powerful man in the world
maaginen lamppu, joka tekisi hänestä maailman mahtavimman miehen
but he alone knew where to find the magic lamp
mutta hän yksin tiesi, mistä taikalamppu löytyy
and he could only receive the magic lamp from the hand of another
ja hän saattoi saada taikalampun vain toisen kädestä
He had picked out the foolish Aladdin for this purpose
Hän oli valinnut typerän Aladdinin tähän tarkoitukseen
he had intended to get the magical lamp and kill him afterwards
hän oli aikonut hankkia maagisen lampun ja tappaa hänet sen jälkeen
For two days Aladdin remained in the dark
Kaksi päivää Aladdin pysyi pimeässä
he cried and lamented his situation
hän itki ja valitti tilannettaan
At last he clasped his hands in prayer
Lopulta hän löi kätensä rukoukseen

and in so doing he rubbed the ring
ja näin tehdessään hän hieroi sormusta
the magician had forgotten to take the ring back from him
taikuri oli unohtanut ottaa sormuksen takaisin häneltä
Immediately an enormous and frightful genie rose out of the earth
Välittömästi valtava ja pelottava henki nousi maasta
"What would thou have me do?"
"Mitä sinä haluaisit minun tekevän?"
"I am the Slave of the Ring"
"Olen Sormuksen orja"
"and I will obey thee in all things"
"ja minä tottelen sinua kaikessa"
Aladdin fearlessly replied: "Deliver me from this place!"
Aladdin vastasi pelottomasti: "Pelasta minut tästä paikasta!"
and the earth opened above him
ja maa avautui hänen yllään
and he found himself outside
ja hän löysi itsensä ulkopuolelta
As soon as his eyes could bear the light he went home
Heti kun hänen silmänsä kestivät valon, hän lähti kotiin
but he fainted when he got there
mutta hän pyörtyi saapuessaan sinne
When he came to himself he told his mother what had happened
Kun hän tuli itsekseen, hän kertoi äidilleen, mitä oli tapahtunut
and he showed her the lamp
ja hän näytti hänelle lampun
and he showed her the fruits he had gathered in the garden
ja hän näytti hänelle puutarhasta keräämänsä hedelmät
the fruits were, in reality, precious stones
hedelmät olivat todellisuudessa jalokiviä
He then asked for some food
Sitten hän pyysi ruokaa
"Alas! child," she said
"Voi! lapsi", hän sanoi

"I have no food in the house"
"Minulla ei ole ruokaa kotona"
"but I have spun a little cotton"
"mutta olen kehränyt vähän puuvillaa"
"and I will go and sell the cotton"
"ja minä menen myymään puuvillaa"
Aladdin bade her keep her cotton
Aladdin käski häntä pitämään puuvillansa
he told her he would sell the magic lamp instead of the cotton
hän kertoi hänelle myyvänsä taikalampun puuvillan sijaan
As it was very dirty she began to rub the magic lamp
Koska se oli hyvin likainen, hän alkoi hieroa taikalamppua
a clean magic lamp might fetch a higher price
puhdas maaginen lamppu voi saada korkeamman hinnan
Instantly a hideous genie appeared
Välittömästi ilmestyi hirveä henki
he asked what she would like to have
hän kysyi mitä hän haluaisi
at the sight of the genie she fainted
Genien nähdessään hän pyörtyi
but Aladdin, snatching the magic lamp, said boldly:
mutta Aladdin nappasi taikalamppua ja sanoi rohkeasti:
"Fetch me something to eat!"
"Hae minulle jotain syötävää!"
The genie returned with a silver bowl
Genie palasi hopeamaljan kanssa
he had twelve silver plates containing rich meats
hänellä oli kaksitoista hopealautasta, joissa oli runsaasti lihaa
and he had two silver cups and two bottles of wine
ja hänellä oli kaksi hopeakuppia ja kaksi pulloa viiniä
Aladdin's mother, when she came to herself, said:
Aladdinin äiti, kun hän tuli itsekseen, sanoi:
"Whence comes this splendid feast?"
"Mistä tämä upea juhla tulee?"
"Ask not where this food came from, but eat, mother,"
replied Aladdin

"Älä kysy, mistä tämä ruoka on peräisin, vaan syö, äiti",
Aladdin vastasi
So they sat at breakfast till it was dinner-time
Joten he istuivat aamiaisella, kunnes oli päivällinen
and Aladdin told his mother about the magic lamp
ja Aladdin kertoi äidilleen taikalampusta
She begged him to sell the magic lamp
Hän pyysi häntä myymään taikalamppua
"let us have nothing to do with devils"
"älkäämme olko mitään tekemistä paholaisten kanssa"
but Aladdin had thought it would be wiser to use the magic lamp
mutta Aladdin oli ajatellut, että olisi viisaampaa käyttää taikalamppua
"chance hath made us aware of the magic lamp's virtues"
"Sattuma on tehnyt meidät tietoisiksi taikalamppujen hyveistä"
"we will use the magic lamp, and we will use the ring"
"Käytämme taikalamppua ja käytämme sormusta"
"I shall always wear the ring on my finger"
"Pidän aina sormusta sormessani"
When they had eaten all the genie had brought, Aladdin sold one of the silver plates
Kun he olivat syöneet kaiken henkien, jonka he olivat tuoneet, Aladdin myi yhden hopealautasista
and when he needed money again he sold the next plate
ja kun hän tarvitsi jälleen rahaa, hän myi seuraavan lautasen
he did this until no plates were left
hän teki tämän, kunnes levyjä ei enää jäljellä
He then made another wish to the genie
Sitten hän esitti toisen toiveen henkille
and the genie gave him another set of plates
ja henki antoi hänelle toisen sarjan lautasia
and in this way they lived for many years
ja tällä tavalla he elivät monta vuotta
One day Aladdin heard an order from the Sultan
Eräänä päivänä Aladdin kuuli käskyn sulttaanilta

everyone was to stay at home and close their shutters
kaikkien piti pysyä kotona ja sulkea ikkunaluukut
the Princess was going to and from her bath
prinsessa oli menossa kylpyltään ja sieltä pois
Aladdin was seized by a desire to see her face
Aladdin valtasi halun nähdä hänen kasvonsa
although it was very difficult to see her face
vaikka hänen kasvojaan oli vaikea nähdä
because everywhere she went she wore a veil
koska hän käytti hunnua kaikkialla, missä hän meni
He hid himself behind the door of the bath
Hän piiloutui kylvyn oven taakse
and he peeped through a chink in the door
ja hän kurkisti ovenraosta
The Princess lifted her veil as she went in to the bath
Prinsessa nosti hunnunsa menessään kylpyyn
and she looked so beautiful that Aladdin instantly fell in love with her
ja hän näytti niin kauniilta, että Aladdin rakastui häneen välittömästi
He went home so changed that his mother was frightened
Hän meni kotiin niin muuttuneena, että hänen äitinsä pelästyi
He told her he loved the Princess so deeply that he could not live without her
Hän kertoi hänelle rakastavansa prinsessaa niin syvästi, ettei hän voinut elää ilman häntä
and he wanted to ask her in marriage of her father
ja hän halusi kysyä häneltä isänsä naimisiin
His mother, on hearing this, burst out laughing
Hänen äitinsä purskahti nauruun kuultuaan tämän
but Aladdin finally convinced her to go to the Sultan
mutta Aladdin sai lopulta hänet menemään sulttaanin luo
and she was going to carry his request
ja hän aikoi toteuttaa hänen pyyntönsä
She fetched a napkin and laid in it the magic fruits
Hän haki lautasliinan ja laittoi siihen maagiset hedelmät
the magic fruits from the enchanted garden

taikahedelmät lumotusta puutarhasta
the fruits sparkled and shone like the most beautiful jewels
hedelmät kimaltelivat ja loistivat kuin kauneimmat jalokivet
She took the magic fruits with her to please the Sultan
Hän otti taikahedelmät mukaansa miellyttääkseen sulttaania
and she set out, trusting in the lamp
ja hän lähti matkaan luottaen lamppuun
The Grand Vizier and the lords of council had just gone into the palace
Suurvisiiri ja valtuuston herrat olivat juuri menneet palatsiin
and she placed herself in front of the Sultan
ja hän asettui sulttaanin eteen
He, however, took no notice of her
Hän ei kuitenkaan kiinnittänyt häneen huomiota
She went every day for a week
Hän meni joka päivä viikon ajan
and she stood in the same place
ja hän seisoi samassa paikassa
When the council broke up on the sixth day the Sultan said to his Vizier:
Kun neuvosto hajosi kuudentena päivänä, sulttaani sanoi visiirilleen:
"I see a certain woman in the audience-chamber every day"
"Näen tietyn naisen katsomossa joka päivä"
"she is always carrying something in a napkin"
"hänellä on aina jotain lautasliinassa"
"Call her to come to us, next time"
"Soita hänelle ensi kerralla tullakseen meille"
"so that I may find out what she wants"
"jotta saan tietää mitä hän haluaa"
Next day the Vizier gave her a sign
Seuraavana päivänä visiiri antoi hänelle merkin
she went up to the foot of the throne
hän nousi valtaistuimen juurelle
and she remained kneeling till the Sultan spoke to her
ja hän jäi polvilleen, kunnes sulttaani puhui hänelle
"Rise, good woman, tell me what you want"

"Nouse, hyvä nainen, kerro mitä haluat"
She hesitated, so the Sultan sent away all but the Vizier
Hän epäröi, joten sulttaani lähetti pois kaikki paitsi visiirin
and he bade her to speak frankly
ja hän käski häntä puhumaan rehellisesti
and he promised to forgive her for anything she might say
ja hän lupasi antaa hänelle anteeksi kaiken tämän sanovan
She then told him of her son's great love for the Princess
Sitten hän kertoi hänelle poikansa suuresta rakkaudesta prinsessaa kohtaan
"I prayed for him to forget her," she said
"Rukoilin, että hän unohtaisi hänet", hän sanoi
"but my prayers were in vain"
"mutta rukoukseni olivat turhia"
"he threatened to do some desperate deed if I refused to go"
"hän uhkasi tehdä epätoivoisen teon, jos kieltäydyn lähtemästä"
"and so I ask your Majesty for the hand of the Princess"
"ja siksi pyydän Majesteettinne prinsessan kättä"
"but now I pray you to forgive me"
"mutta nyt rukoilen sinua antamaan minulle anteeksi"
"and I pray that you forgive my son Aladdin"
"ja rukoilen, että annat anteeksi pojalleni Aladdinille"
The Sultan asked her kindly what she had in the napkin
Sulttaani kysyi häneltä ystävällisesti, mitä hänellä oli lautasliinassa
so she unfolded the napkin
joten hän avasi lautasliinan
and she presented the jewels to the Sultan
ja hän esitteli jalokivet sulttaanille
He was thunderstruck by the beauty of the jewels
Jalokivien kauneus hämmästytti häntä
and he turned to the Vizier and asked, "What sayest thou?"
ja hän kääntyi visiirin puoleen ja kysyi: "Mitä sinä sanot?"
"Ought I not to bestow the Princess on one who values her at such a price?"
"Eikö minun pitäisi lahjoittaa prinsessaa sellaiselle, joka

arvostaa häntä sellaiseen hintaan?"
The Vizier wanted her for his own son
Visiiri halusi hänet omalle pojalleen
so he begged the Sultan to withhold her for three months
joten hän pyysi sulttaania pidättelemään häntä kolmeksi kuukaudeksi
perhaps within the time his son would contrive to make a richer present
ehkä siinä ajassa, että hänen poikansa keksisi tehdä rikkaamman lahjan
The Sultan granted the wish of his Vizier
Sulttaani täytti visiirinsä toiveen
and he told Aladdin's mother that he consented to the marriage
ja hän kertoi Aladdinin äidille suostuvansa avioliittoon
but she was not allowed appear before him again for three months
mutta hänen ei annettu enää ilmestyä hänen eteensä kolmeen kuukauteen
Aladdin waited patiently for nearly three months
Aladdin odotti kärsivällisesti lähes kolme kuukautta
after two months had elapsed his mother went to go to the market
kahden kuukauden kuluttua hänen äitinsä meni torille
she was going into the city to buy oil
hän oli menossa kaupunkiin ostamaan öljyä
when she got to the market she found every one rejoicing
kun hän tuli torille, hän huomasi kaikkien iloitsevan
so she asked what was going on
joten hän kysyi mitä oli tekeillä
"Do you not know?" was the answer
"Etkö tiedä?" oli vastaus
"the son of the Grand Vizier is to marry the Sultan's daughter tonight"
"Suurvisiirin pojan on määrä mennä naimisiin sulttaanin tyttären kanssa tänä iltana"
Breathless, she ran and told Aladdin

Hengettömänä hän juoksi ja kertoi Aladdinille
at first Aladdin was overwhelmed
aluksi Aladdin oli järkyttynyt
but then he thought of the magic lamp and rubbed it
mutta sitten hän ajatteli taikalamppua ja hieroi sitä
once again the genie appeared out of the lamp
jälleen kerran henki ilmestyi lampusta
"What is thy will?" asked the genie
"Mikä on tahtosi?" kysyi henki
"The Sultan, as thou knowest, has broken his promise to me"
"Sulttaani, kuten tiedät, on rikkonut lupauksensa minulle"
"the Vizier's son is to have the Princess"
"Visiirin poika saa prinsessan"
"My command is that tonight you bring the bride and bridegroom"
"Minun käskyni on, että tänä iltana tuokaa morsian ja sulhanen"
"Master, I obey," said the genie
"Mestari, minä tottelen", sanoi henki
Aladdin then went to his chamber
Aladdin meni sitten kammionsa
sure enough, at midnight the genie transported a bed
totta kai, keskiyöllä henki kantoi sängyn
and the bed contained the Vizier's son and the Princess
ja sängyssä oli visiirin poika ja prinsessa
"Take this new-married man, genie," he said
"Ota tämä uusi naimisissa oleva mies, henki", hän sanoi
"put him outside in the cold for the night"
"laita hänet ulos kylmään yöksi"
"then return the couple again at daybreak"
"Palauta sitten pari taas aamun koittaessa"
So the genie took the Vizier's son out of bed
Joten henki nosti visiirin pojan sängystä
and he left Aladdin with the Princess
ja hän jätti Aladdinin prinsessan kanssa
"Fear nothing," Aladdin said to her, "you are my wife"
"Älä pelkää", Aladdin sanoi hänelle, "olet vaimoni"

"you were promised to me by your unjust father"
"Epäoikeudenmukainen isäsi lupasi sinut minulle"
"and no harm shall come to you"
"eikä sinulle tule mitään haittaa"
The Princess was too frightened to speak
Prinsessa oli liian peloissaan puhuakseen
and she passed the most miserable night of her life
ja hän vietti elämänsä surkeimman yön
although Aladdin lay down beside her and slept soundly
vaikka Aladdin makasi hänen vierellään ja nukkui sikeästi
At the appointed hour the genie fetched in the shivering bridegroom
Määrättynä hetkenä henki hakeutui vapisevassa sulhasessa
he laid him in his place
hän asetti hänet paikalleen
and he transported the bed back to the palace
ja hän vei sängyn takaisin palatsiin
Presently the Sultan came to wish his daughter good-morning
Juuri nyt sulttaani tuli toivottamaan tyttärelleen hyvää huomenta
The unhappy Vizier's son jumped up and hid himself
Onnettoman visiirin poika hyppäsi ylös ja piiloutui
and the Princess would not say a word
ja prinsessa ei sanonut sanaakaan
and she was very sorrowful
ja hän oli hyvin surullinen
The Sultan sent her mother to her
Sulttaani lähetti äitinsä hänen luokseen
"Why will you not speak to your father, child?"
"Miksi et puhu isällesi, lapsi?"
"What has happened?" she asked
"Mitä on tapahtunut?" hän kysyi
The Princess sighed deeply
Prinsessa huokaisi syvään
and at last she told her mother what had happened
ja lopulta hän kertoi äidilleen, mitä oli tapahtunut

she told her how the bed had been carried into some strange house
hän kertoi hänelle, kuinka sänky oli viety johonkin outoon taloon
and she told of what had happened in the house
ja hän kertoi mitä talossa oli tapahtunut
Her mother did not believe her in the least
Hänen äitinsä ei uskonut häntä ainakaan
and she bade her to consider it an idle dream
ja hän kehotti häntä pitämään sitä tyhjänä unena
The following night exactly the same thing happened
Seuraavana yönä tapahtui täsmälleen sama
and the next morning the princess wouldn't speak either
ja seuraavana aamuna prinsessa ei myöskään puhunut
on the Princess's refusal to speak, the Sultan threatened to cut off her head
kun prinsessa kieltäytyi puhumasta, sulttaani uhkasi katkaista hänen päänsä
She then confessed all that had happened
Sitten hän tunnusti kaiken tapahtuneen
and she bid him to ask the Vizier's son
ja hän käski häntä kysymään visiirin pojalta
The Sultan told the Vizier to ask his son
Sulttaani käski visiiriä kysymään pojaltaan
and the Vizier's son told the truth
ja visiirin poika kertoi totuuden
he added that he dearly loved the Princess
hän lisäsi, että hän rakasti prinsessaa
"but I would rather die than go through another such fearful night"
"mutta kuolen mieluummin kuin käyn läpi toisen sellaisen pelottavan yön"
and he wished to be separated from her, which was granted
ja hän halusi erota hänestä, mikä myönnettiin
and then there was an end to the feasting and rejoicing
ja sitten juhlat ja iloitsemiset loppuivat
then the three months were over

sitten kolme kuukautta oli ohi
Aladdin sent his mother to remind the Sultan of his promise
Aladdin lähetti äitinsä muistuttamaan sulttaania hänen lupauksestaan
She stood in the same place as before
Hän seisoi samassa paikassa kuin ennenkin
the Sultan had forgotten Aladdin
sulttaani oli unohtanut Aladdinin
but at once he remembered him again
mutta heti hän muisti hänet uudelleen
and he asked for her to come to him
ja hän pyysi häntä tulemaan luokseen
On seeing her poverty the Sultan felt less inclined than ever to keep his word
Nähdessään hänen köyhyytensä sulttaani tunsi olevansa vähemmän taipuvainen pitämään sanansa
and he asked his Vizier's advice
ja hän kysyi neuvoa visiiriltään
he counselled him to set a high value on the Princess
hän neuvoi häntä asettamaan korkean arvon prinsessalle
a price so high that no man alive could come afford her
niin korkea hinta, ettei yhdelläkään elävällä miehellä olisi varaa häneen
The Sultan then turned to Aladdin's mother, saying:
Sulttaani kääntyi sitten Aladdinin äidin puoleen ja sanoi:
"Good woman, a Sultan must remember his promises"
"Hyvä nainen, sulttaanin täytyy muistaa lupauksensa"
"and I will remember my promise"
"ja muistan lupaukseni"
"but your son must first send me forty basins of gold"
"Mutta poikasi on ensin lähetettävä minulle neljäkymmentä kulta-astiaa"
"and the gold basins must be full of jewels"
"ja kulta-altaiden täytyy olla täynnä jalokiviä"
"and they must be carried by forty black camels"
"ja niitä täytyy kantaa neljäkymmentä mustaa kamelia"
"and in front of each black camel there is to be a white

camel"
"ja jokaisen mustan kamelin edessä on oltava valkoinen kameli"
"and all the camels are to be splendidly dressed"
"ja kaikkien kamelien tulee olla upeasti pukeutuneita"
"Tell him that I await his answer"
"Kerro hänelle, että odotan hänen vastaustaan"
The mother of Aladdin bowed low
Aladdinin äiti kumarsi alas
and then she went home
ja sitten hän meni kotiin
although she thought all was lost
vaikka hän luuli, että kaikki oli menetetty
She gave Aladdin the message
Hän antoi Aladdinille viestin
and she added, "He may wait long enough for your answer!"
ja hän lisäsi: "Hän saattaa odottaa tarpeeksi kauan vastaustasi!"
"Not so long as you think, mother," her son replied
"Ei niin kauan kuin luulet, äiti", vastasi hänen poikansa
"I would do a great deal more than that for the Princess"
"Teen prinsessalle paljon enemmän kuin sen"
and he summoned the genie again
ja hän kutsui henkien uudelleen
and in a few moments the eighty camels arrived
ja hetken kuluttua saapui kahdeksankymmentä kamelia
and they took up all space in the small house and garden
ja ne veivät kaiken tilan pienessä talossa ja puutarhassa
Aladdin made the camels set out to the palace
Aladdin laittoi kamelit lähtemään palatsiin
and the camels were followed by his mother
ja hänen äitinsä seurasi kameleja
The camels were very richly dressed
Kamelit olivat pukeutuneet hyvin runsaasti
and splendid jewels were on the girdles of the camels
ja upeita jalokiviä oli kamelien vyössä
and everyone crowded around to see the camels

ja kaikki kokoontuivat katsomaan kameleja
and they saw the basins of gold the camels carried on their backs
ja he näkivät kultaiset altaat kamelien kantavan selässään
They entered the palace of the Sultan
He astuivat sulttaanin palatsiin
and the camels kneeled before him in a semi circle
ja kamelit polvistuivat hänen eteensä puoliympyrässä
and Aladdin's mother presented the camels to the Sultan
ja Aladdinin äiti esitteli kamelit sultanille
He hesitated no longer, but said:
Hän ei epäröinyt enää, vaan sanoi:
"Good woman, return to your son"
"Hyvä nainen, palaa poikasi luo"
"tell him that I wait for him with open arms"
"kerro hänelle, että odotan häntä avosylin"
She lost no time in telling Aladdin
Hän ei menettänyt aikaa kertoessaan Aladdinille
and she bid him to make haste
ja hän käski häntä kiirehtimään
But Aladdin first called for the genie
Mutta Aladdin pyysi ensin henkiä
"I want a scented bath," he said
"Haluan tuoksuvan kylvyn", hän sanoi
"and I want a horse more beautiful than the Sultan's"
"ja haluan hevosen kauniimman kuin sulttaanin"
"and I want twenty servants to attend to me"
"ja haluan kaksikymmentä palvelijaa huolehtivan minusta"
"and I also want six beautifully dressed servants to wait on my mother"
"ja haluan myös kuusi kauniisti pukeutunutta palvelijaa odottamaan äitiäni"
"and lastly, I want ten thousand pieces of gold in ten purses"
"Ja lopuksi, haluan kymmenen tuhatta kultarahaa kymmeneen kukkaroon"
No sooner had he said what he wanted and it was done
Heti kun hän oli sanonut mitä halusi, ja se oli tehty

Aladdin mounted his beautiful horse
Aladdin nousi kauniin hevosensa selkään
and he passed through the streets
ja hän kulki kaduilla
the servants cast gold into the crowd as they went
palvelijat heittivät kultaa kansan sekaan kulkiessaan
Those who had played with him in his childhood knew him not
Ne, jotka olivat leikkineet hänen kanssaan hänen lapsuudessaan, eivät tunteneet häntä
he had grown very handsome
hän oli kasvanut erittäin komeaksi
When the Sultan saw him he came down from his throne
Kun sulttaani näki hänet, hän laskeutui valtaistuimeltaan
he embraced his new son-in-law with open arms
hän syleili uutta vävyään avosylin
and he led him into a hall where a feast was spread
ja hän vei hänet saliin, jossa pidettiin juhlaa
he intended to marry him to the Princess that very day
hän aikoi mennä naimisiin prinsessan kanssa samana päivänä
But Aladdin refused to marry straight away
Mutta Aladdin kieltäytyi menemästä naimisiin heti
"first I must build a palace fit for the princess"
"Minun täytyy ensin rakentaa prinsessalle sopiva palatsi"
and then he took his leave
ja sitten hän jätti lomansa
Once home, he said to the genie:
Kotiuduttuaan hän sanoi henolle:
"Build me a palace of the finest marble"
"Rakenna minulle palatsi hienoimmasta marmorista"
"set the palace with jasper, agate, and other precious stones"
"aseta palatsi jaspisella, akaatilla ja muilla jalokivillä"
"In the middle of the palace you shall build me a large hall with a dome"
"Keskelle palatsia rakennat minulle suuren salin, jossa on kupoli"
"the four walls of the hall will be of masses of gold and

silver"
"salin neljä seinää tulee olemaan kultaa ja hopeaa"
"and each wall will have six windows"
"ja jokaisella seinällä on kuusi ikkunaa"
"and the lattices of the windows will be set with precious jewels"
"ja ikkunoiden ristikot peitetään arvokkailla jalokivillä"
"but there must be one window that is not decorated"
"mutta täytyy olla yksi ikkuna, joka ei ole koristeltu"
"go see that it gets done!"
"Mene katsomaan, että se valmistuu!"
The palace was finished by the next day
Palatsi valmistui seuraavana päivänä
the genie carried him to the new palace
henki vei hänet uuteen palatsiin
and he showed him how all his orders had been faithfully carried out
ja hän näytti hänelle, kuinka kaikki hänen käskynsä oli uskollisesti täytetty
even a velvet carpet had been laid from Aladdin's palace to the Sultan's
jopa samettimatto oli laskettu Aladdinin palatsista sulttaaniin
Aladdin's mother then dressed herself carefully
Aladdinin äiti pukeutui sitten huolellisesti
and she walked to the palace with her servants
ja hän käveli palvelijoidensa kanssa palatsiin
and Aladdin followed her on horseback
ja Aladdin seurasi häntä hevosen selässä
The Sultan sent musicians with trumpets and cymbals to meet them
Sulttaani lähetti heitä vastaan muusikoita trumpettien ja symbaalien kanssa
so the air resounded with music and cheers
joten ilma kaikui musiikista ja hurrauksesta
She was taken to the Princess, who saluted her
Hänet vietiin prinsessan luo, joka tervehti häntä
and she treated her with great honour

ja hän kohteli häntä suurella kunnialla
At night the Princess said good-bye to her father
Yöllä prinsessa sanoi hyvästit isälleen
and she set out on the carpet for Aladdin's palace
ja hän lähti matolle kohti Aladdinin palatsia
his mother was at her side
hänen äitinsä oli hänen vierellään
and they were followed by their entourage of servants
ja heitä seurasi heidän palvelijaseurueensa
She was charmed at the sight of Aladdin
Hän ihastui Aladdinin nähdessään
and Aladdin ran to receive her into the palace
ja Aladdin juoksi ottamaan hänet palatsiin
"Princess," he said, "blame your beauty for my boldness"
"Prinsessa", hän sanoi, "syytä kauneuttasi rohkeudestani"
"I hope I have not displeased you"
"Toivottavasti en ole tehnyt sinuun mielipidettä"
she said she willingly obeyed her father in this matter
hän sanoi auliisti tottelevansa isäänsä tässä asiassa
because she had seen that he is handsome
koska hän oli nähnyt hänen olevan komea
After the wedding had taken place Aladdin led her into the hall
Häiden jälkeen Aladdin johdatti hänet saliin
a great feast was spread out in the hall
suuri juhla oli levitetty saliin
and she supped with him
ja hän illallisti hänen kanssaan
after eating they danced till midnight
syömisen jälkeen he tanssivat keskiyöhön asti
The next day Aladdin invited the Sultan to see the palace
Seuraavana päivänä Aladdin kutsui sulttaanin katsomaan palatsia
they entered the hall with the four-and-twenty windows
he tulivat saliin, jossa oli neljä ja kaksikymmentä ikkunaa
the windows were decorated with rubies, diamonds, and emeralds

ikkunat oli koristeltu rubiineilla, timanteilla ja smaragdeilla
he cried, "The palace is one of the wonders of the world!"
hän huusi: "Palatsi on yksi maailman ihmeistä!"
"There is only one thing that surprises me"
"On vain yksi asia, joka yllättää minut"
"Was it by accident that one window was left unfinished?"
"Oliko vahingossa yksi ikkuna jäänyt kesken?"
"No, sir, it was done so by design," replied Aladdin
"Ei, herra, se oli suunniteltu niin", vastasi Aladdin
"I wished your Majesty to have the glory of finishing this palace"
"Toivoin teidän Majesteettinne saavan kunnian saada tämä palatsi valmiiksi"
The Sultan was pleased to be given this honour
Sulttaani oli iloinen saadessaan tämän kunnian
and he sent for the best jewellers in the city
ja hän lähetti hakemaan kaupungin parhaat jalokivikauppiaat
He showed them the unfinished window
Hän näytti heille keskeneräisen ikkunan
and he bade them to decorate the window like the others
ja hän käski heitä koristelemaan ikkunan muiden tavoin
"Sir," replied their spokesman
"Herra", vastasi heidän tiedottajansa
"we cannot find enough jewels"
"emme löydä tarpeeksi jalokiviä"
so the Sultan had his own jewels fetched
joten sulttaani haki omat jalokivinsä
but those jewels were soon used up too
mutta myös ne jalokivet käytettiin pian loppuun
even after a month's time the work was not half done
edes kuukauden kuluttua työ ei ollut puoliksi tehty
Aladdin knew that their task was impossible
Aladdin tiesi, että heidän tehtävänsä oli mahdoton
he bade them to undo their work
hän käski heitä peruuttamaan työnsä
and he bade them to carry the jewels back
ja hän käski heitä kantamaan jalokivet takaisin

the genie finished the window at his command
henki viimeisteli ikkunan käskystään
The Sultan was surprised to receive his jewels again
Sulttaani yllättyi saadessaan jälleen jalokivinsä
he visited Aladdin, who showed him the finished window
hän vieraili Aladdinin luona, joka näytti hänelle valmiin ikkunan
and the Sultan embraced his son in law
ja sulttaani syleili vävyään
meanwhile, the envious Vizier suspected the work of enchantment
sillä välin kateellinen visiiri epäili lumoa
Aladdin had won the hearts of the people by his gentle manner
Aladdin oli valloittanut ihmisten sydämet lempeällä tavallaan
He was made captain of the Sultan's armies
Hänestä tehtiin sulttaanin armeijoiden kapteeni
and he won several battles for his army
ja hän voitti useita taisteluita armeijalleen
but he remained as modest and courteous as before
mutta hän oli yhtä vaatimaton ja kohtelias kuin ennenkin
in this way he lived in peace and content for several years
tällä tavalla hän eli rauhassa ja tyytyväisenä useita vuosia
But far away in Africa the magician remembered Aladdin
Mutta kaukana Afrikassa taikuri muisti Aladdinin
and by his magic arts he discovered Aladdin hadn't perished in the cave
ja hänen taikuuttaan hän huomasi, ettei Aladdin ollut menehtynyt luolaan
but instead of perishing, he had escaped and married the princess
mutta hukkumisen sijaan hän oli paennut ja mennyt naimisiin prinsessan kanssa
and now he was living in great honour and wealth
ja nyt hän eli suuressa kunniassa ja rikkaudessa
He knew that the poor tailor's son could only have accomplished this by means of the magic lamp

Hän tiesi, että köyhän räätälin poika olisi voinut saada tämän aikaan vain taikalampun avulla
and he travelled night and day until he reached the city
ja hän kulki yötä päivää, kunnes saavutti kaupunkiin
he was bent on making sure of Aladdin's ruin
hän halusi varmistaa Aladdinin tuhon
As he passed through the town he heard people talking
Kulkiessaan kaupungin läpi hän kuuli ihmisten puhuvan
all they could talk about was the marvellous palace
he saattoivat puhua vain upeasta palatsista
"Forgive my ignorance," he asked
"Anteeksi tietämättömyyteni", hän kysyi
"what is this palace you speak of?"
"Mikä tämä palatsi on, josta puhut?"
"Have you not heard of Prince Aladdin's palace?" was the reply
"Etkö ole kuullut prinssi Aladdinin palatsista?" oli vastaus
"the palace is one of the greatest wonders of the world"
"palatsi on yksi maailman suurimmista ihmeistä"
"I will direct you to the palace, if you would like to see it"
"Ohjaan sinut palatsiin, jos haluat nähdä sen"
The magician thanked him for bringing him to the palace
Taikuri kiitti häntä siitä, että hän toi hänet palatsiin
and having seen the palace, he knew that it had been built by the Genie of the Lamp
ja nähtyään palatsin hän tiesi, että sen oli rakentanut Lampun Genie
this made him half mad with rage
tämä sai hänet puoliksi vihaiseksi raivosta
He was determined to get hold of the magic lamp
Hän päätti tarttua taikalamppuun
and he was going to plunge Aladdin into the deepest poverty again
ja hän aikoi syöstä Aladdinin taas syvimpään köyhyyteen
Unluckily, Aladdin had gone on a hunting trip for eight days
Valitettavasti Aladdin oli lähtenyt metsästysmatkalle

kahdeksaksi päiväksi
this gave the magician plenty of time
tämä antoi taikurille runsaasti aikaa
He bought a dozen copper lamps
Hän osti tusina kuparilamppua
and he put the copper lamps into a basket
ja hän laittoi kupariset lamput koriin
and then he went to the palace
ja sitten hän meni palatsiin
"New lamps for old lamps!" he exclaimed
"Uudet lamput vanhoille lampuille!" hän huudahti
and he was followed by a jeering crowd
ja häntä seurasi pilkkaava joukko
The Princess was sitting in the hall of four-and-twenty windows
Prinsessa istui neljän ja kahdenkymmenen ikkunan salissa
she sent a servant to find out what the noise was about
hän lähetti palvelijan selvittämään, mistä melusta oli kyse
the servant came back laughing so much that the Princess scolded her
palvelija palasi nauraen niin paljon, että prinsessa nuhteli häntä
"Madam," replied the servant
"Rouva", vastasi palvelija
"who can help but laughing when you see such a thing?"
"Kuka voisi muuta kuin nauraa, kun näkee tuollaisen?"
"an old fool is offering to exchange fine new lamps for old lamps"
"Vanha typerys tarjoutuu vaihtamaan hienot uudet lamput vanhoihin"
Another servant, hearing this, spoke up
Toinen palvelija tämän kuultuaan puhui
"There is an old lamp on the cornice which he can have"
"Karniisilla on vanha lamppu, joka hänellä voi olla"
this, of course, was the magic lamp
tämä oli tietysti taikalamppu
Aladdin had left the magic lamp there, as he could not take

it with him
Aladdin oli jättänyt taikalamppu sinne, koska hän ei voinut ottaa sitä mukaansa
The Princess didn't know know the lamp's value
Prinsessa ei tiennyt lampun arvoa
laughingly, she bade the servant to exchange the magic lamp
nauraen hän käski palvelijaa vaihtamaan taikalampun
the servant took the lamp to the magician
palvelija vei lampun taikurille
"Give me a new lamp for this lamp," she said
"Anna minulle uusi lamppu tälle lampulle", hän sanoi
He snatched the lamp and bade the servant to pick another lamp
Hän nappasi lampun ja käski palvelijaa valitsemaan toisen lampun
and the entire crowd jeered at the sight
ja koko väkijoukko pilkkasi näkyä
but the magician cared little for the crowd
mutta taikuri ei välittänyt väkijoukosta
he left the crowd with the magic lamp he had set out to get
hän jätti joukon maagisen lampun kanssa, jota hän oli aikonut hakea
and he went out of the city gates to a lonely place
ja hän meni ulos kaupungin porteista yksinäiseen paikkaan
there he remained till nightfall
siellä hän pysyi iltaan asti
and at nightfall he pulled out the magic lamp and rubbed it
ja yön tullessa hän veti taikalamppu esiin ja hieroi sitä
The genie appeared to the magician
Genie ilmestyi taikurille
and the magician made his command to the genie
ja taikuri antoi käskynsä hengille
"carry me, the princess, and the palace to a lonely place in Africa"
"Kanna minut, prinsessa ja palatsi yksinäiseen paikkaan Afrikassa"
Next morning the Sultan looked out of the window toward

Aladdin's palace
Seuraavana aamuna sulttaani katsoi ulos ikkunasta kohti Aladdinin palatsia
and he rubbed his eyes when he saw the palace was gone
ja hän hieroi silmiään nähdessään palatsin olevan poissa
He sent for the Vizier and asked what had become of the palace
Hän lähetti visiirin ja kysyi, mitä palatsille oli tapahtunut
The Vizier looked out too, and was lost in astonishment
Visiiri katsoi myös ulos ja oli hämmästynyt
He again put the events down to enchantment
Hän laski tapahtumat jälleen lumoukselle
and this time the Sultan believed him
ja tällä kertaa sulttaani uskoi häntä
he sent thirty men on horseback to fetch Aladdin in chains
hän lähetti kolmekymmentä miestä hevosen selässä noutamaan Aladdinin kahleissa
They met him riding home
He tapasivat hänet ratsastaessa kotiin
they bound him and forced him to go with them on foot
he sitoivat hänet ja pakottivat hänet menemään mukaansa jalkaisin
The people, however, who loved him, followed them to the palace
Mutta ihmiset, jotka rakastivat häntä, seurasivat heitä palatsiin
they would make sure that he came to no harm
he varmistavat, ettei hän joutuisi vahingoittamaan
He was carried before the Sultan
Hänet kannettiin sulttaanin eteen
and the Sultan ordered the executioner to cut off his head
ja sulttaani käski teloittajaa leikkaamaan hänen päänsä
The executioner made Aladdin kneel down before a block of wood
Pyöveli sai Aladdinin polvistumaan puupalkan eteen
he bandaged his eyes so that he could not see
hän sitoi silmänsä, jotta hän ei nähnyt
and he raised his scimitar to strike

ja hän kohotti puolaansa iskeäkseen
At that instant the Vizier saw the crowd had forced their way into the courtyard
Sillä hetkellä visiiri näki väkijoukon tunkeutuneen sisäpihalle
they were scaling the walls to rescue Aladdin
he skaalasivat seiniä pelastaakseen Aladdinin
so he called to the executioner to halt
niin hän huusi teloittajaa pysähtymään
The people, indeed, looked so threatening that the Sultan gave way
Ihmiset näyttivät todellakin niin uhkaavilta, että sulttaani antoi periksi
and he ordered Aladdin to be unbound
ja hän käski Aladdinin olla sidottu
he pardoned him in the sight of the crowd
hän antoi hänelle anteeksi väkijoukon silmissä
Aladdin now begged to know what he had done
Aladdin pyysi nyt tietää, mitä hän oli tehnyt
"False wretch!" said the Sultan, "come thither"
"Väärä kurja!" sanoi sulttaani: "Tule sinne"
he showed him from the window the place where his palace had stood
hän näytti hänelle ikkunasta paikan, jossa hänen palatsinsa oli ollut
Aladdin was so amazed that he could not say a word
Aladdin oli niin hämmästynyt, ettei hän voinut sanoa sanaakaan
"Where are my palace and my daughter?" demanded the Sultan
"Missä palatsini ja tyttäreni ovat?" vaati sulttaani
"For the palace I am not so deeply concerned"
"Palatsista en ole niin syvästi huolissani"
"but my daughter I must have"
"mutta tyttäreni minulla on oltava"
"and you must find her, or lose your head"
"ja sinun täytyy löytää hänet tai menetä pääsi"
Aladdin begged to be granted forty days in which to find

her
Aladdin pyysi saada neljäkymmentä päivää löytää hänet
he promised that if he failed he would return
hän lupasi, että jos epäonnistuu, hän palaa
and on his return he would suffer death at the Sultan's pleasure
ja palattuaan hän kärsisi kuoleman sulttaanin mielen mukaan
His prayer was granted by the Sultan
Sulttaani hyväksyi hänen rukouksensa
and he went forth sadly from the Sultan's presence
ja hän poistui surullisena sulttaanin luota
For three days he wandered about like a madman
Kolme päivää hän vaelsi ympäriinsä kuin hullu
he asked everyone what had become of his palace
hän kysyi kaikilta, mitä hänen palatsilleen oli tapahtunut
but they only laughed and pitied him
mutta he vain nauroivat ja säälivät häntä
He came to the banks of a river
Hän tuli joen rannoille
he knelt down to say his prayers before throwing himself in
hän polvistui sanoakseen rukouksensa ennen kuin heittäytyi sisään
In so doing he rubbed the magic ring he still wore
Näin tehdessään hän hieroi taikasormusta, jota hän edelleen käytti
The genie he had seen in the cave appeared
Genie, jonka hän oli nähnyt luolassa, ilmestyi
and he asked him what his will was
ja hän kysyi häneltä, mikä hänen tahtonsa oli
"Save my life, genie," said Aladdin
"Pelasta henkeni, henki", sanoi Aladdin
"bring my palace back"
"tuo palatsini takaisin"
"That is not in my power," said the genie
"Se ei ole minun vallassani", sanoi henki
"I am only the Slave of the Ring"
"Olen vain Sormuksen orja"

"you must ask him for the magic lamp"
"sinun täytyy pyytää häneltä taikalamppua"
"that might be true," said Aladdin
"Se saattaa olla totta", sanoi Aladdin
"but thou canst take me to the palace"
"mutta sinä voit viedä minut palatsiin"
"set me down under my dear wife's window"
"Aseta minut rakkaan vaimoni ikkunan alle"
He at once found himself in Africa
Hän löysi heti itsensä Afrikasta
he was under the window of the Princess
hän oli prinsessan ikkunan alla
and he fell asleep out of sheer weariness
ja hän nukahti pelkästä väsymyksestä
He was awakened by the singing of the birds
Hän heräsi lintujen lauluun
and his heart was lighter than it was before
ja hänen sydämensä oli kevyempi kuin ennen
He saw that all his misfortunes were due to the loss of the magic lamp
Hän näki, että kaikki hänen epäonnensa johtuivat taikalamppujen katoamisesta
and he vainly wondered who had robbed him of his magic lamp
ja hän ihmetteli turhaan, kuka oli ryöstänyt häneltä hänen taikalamppunsa
That morning the Princess rose earlier than she normally
Sinä aamuna prinsessa nousi aikaisemmin kuin tavallisesti
once a day she was forced to endure the magicians company
kerran päivässä hänen oli pakko kestää taikurien seuraa
She, however, treated him very harshly
Hän kuitenkin kohteli häntä erittäin ankarasti
so he dared not live with her in the palace
joten hän ei uskaltanut asua hänen kanssaan palatsissa
As she was dressing, one of her women looked out and saw Aladdin
Hänen pukeutuessaan yksi hänen naisistaan katsoi ulos ja

näki Aladdinin
The Princess ran and opened the window
Prinsessa juoksi ja avasi ikkunan
at the noise she made Aladdin looked up
melussa, jonka hän sai Aladdinin katsomaan ylös
She called to him to come to her
Hän kutsui häntä tulemaan hänen luokseen
it was a great joy for the lovers to see each other again
rakastajille oli suuri ilo nähdä toisensa jälleen
After he had kissed her Aladdin said:
Suudeltuaan häntä Aladdin sanoi:
"I beg of you, Princess, in God's name"
"Pyydän sinua, prinsessa, Jumalan nimessä"
"before we speak of anything else"
"ennen kuin puhumme mistään muusta"
"for your own sake and mine"
"sinun ja minun vuoksi"
"tell me what has become of the old lamp"
"Kerro minulle, mitä vanhalle lampulle on tapahtunut"
"I left the lamp on the cornice in the hall of four-and-twenty windows"
"Jätin lampun reunalistalle neljän ja kahdenkymmenen ikkunan saliin"
"Alas!" she said, "I am the innocent cause of our sorrows"
"Valitettavasti!" hän sanoi: "Minä olen surumme viaton syy"
and she told him of the exchange of the magic lamp
ja hän kertoi hänelle taikalampun vaihdosta
"Now I know," cried Aladdin
"Nyt minä tiedän", huudahti Aladdin
"we have to thank the magician for this!"
"Meidän täytyy kiittää taikuria tästä!"
"Where is the magic lamp?"
"Missä taikalamppu on?"
"He carries the lamp about with him," said the Princess
"Hän kantaa lamppua mukanaan", sanoi prinsessa
"I know he carries the lamp with him"
"Tiedän, että hän kantaa lamppua mukanaan"

"because he pulled the lamp out of his breast pocket to show me"
"koska hän veti lampun rintataskusta näyttääkseen minulle"
"and he wishes me to break my faith with you and marry him"
"ja hän haluaa minun rikkovan uskoni kanssasi ja naimisiin hänen kanssaan"
"and he said you were beheaded by my father's command"
"ja hän sanoi, että sinut mestattiin isäni käskystä"
"He is always speaking ill of you"
"Hän puhuu aina pahaa sinusta"
"but I only reply with my tears"
"mutta vastaan vain kyyneleilläni"
"If I can persist, I doubt not"
"Jos voin jatkaa, en epäile"
"but he will use violence"
"mutta hän käyttää väkivaltaa"
Aladdin comforted his wife
Aladdin lohdutti vaimoaan
and he left her for a while
ja hän jätti hänet hetkeksi
He changed clothes with the first person he met in town
Hän vaihtoi vaatteita ensimmäisen kaupungissa tapaamansa ihmisen kanssa
and having bought a certain powder, he returned to the Princess
ja ostettuaan tietyn jauheen hän palasi prinsessan luo
the Princess let him in by a little side door
prinsessa päästi hänet sisään pienestä sivuovesta
"Put on your most beautiful dress," he said to her
"Pue päällesi kaunein mekkosi", hän sanoi hänelle
"receive the magician with smiles today"
"vastaanota taikuri hymyillen tänään"
"lead him to believe that you have forgotten me"
"Saada hänet uskomaan, että olet unohtanut minut"
"Invite him to sup with you"
"Kutsu hänet illalliselle kanssasi"

"and tell him you wish to taste the wine of his country"
"ja kerro hänelle, että haluat maistaa hänen maansa viiniä"
"He will be gone for some time"
"Hän on poissa jonkin aikaa"
"while he is gone I will tell you what to do"
"Kun hän on poissa, kerron sinulle mitä tehdä"
She listened carefully to Aladdin
Hän kuunteli tarkasti Aladdinia
and when he left she arrayed herself beautifully
ja kun hän lähti, hän pukeutui kauniisti
she hadn't dressed like this since she had left her city
hän ei ollut pukeutunut näin sen jälkeen, kun hän oli lähtenyt kaupungistaan
She put on a girdle and head-dress of diamonds
Hän puki ylleen vyön ja päähineen timanteista
she was more beautiful than ever
hän oli kauniimpi kuin koskaan
and she received the magician with a smile
ja hän otti taikurin vastaan hymyillen
"I have made up my mind that Aladdin is dead"
"Olen päättänyt, että Aladdin on kuollut"
"my tears will not bring him back to me"
"kyyneleeni eivät tuo häntä takaisin luokseni"
"so I am resolved to mourn no more"
"niin olen päättänyt olla surematta enää"
"therefore I invite you to sup with me"
"Siksi kutsun sinut illalliselle kanssani"
"but I am tired of the wines we have"
"mutta olen kyllästynyt viineihin, joita meillä on"
"I would like to taste the wines of Africa"
"Haluaisin maistaa Afrikan viinejä"
The magician ran to his cellar
Taikuri juoksi kellariinsa
and the Princess put the powder Aladdin had given her in her cup
ja prinsessa laittoi Aladdinin hänelle antaman jauheen kuppiinsa

When he returned she asked him to drink to her health
Palattuaan hän pyysi häntä juomaan terveytensä vuoksi
and she handed him her cup in exchange for his
ja hän ojensi hänelle maljansa vastineeksi omasta
this was done as a sign to show she was reconciled to him
tämä tehtiin merkkinä osoittamaan, että hän oli sopusoinnussa hänen kanssaan
Before drinking the magician made her a speech
Ennen juomista taikuri piti hänelle puheen
he wanted to praise her beauty
hän halusi ylistää hänen kauneuttaan
but the Princess cut him short
mutta prinsessa keskeytti hänet
"Let us drink first"
"Juomme ensin"
"and you shall say what you will afterwards"
"ja sinä sanot mitä haluat jälkeenpäin"
She set her cup to her lips and kept it there
Hän asetti kuppinsa huulilleen ja piti sitä siellä
the magician drained his cup to the dregs
taikuri tyhjensi kuppinsa roskat
and upon finishing his drink he fell back lifeless
ja juomisen päätyttyä hän putosi takaisin elottomaksi
The Princess then opened the door to Aladdin
Prinsessa avasi sitten oven Aladdinille
and she flung her arms round his neck
ja hän kietoi kätensä hänen kaulaansa
but Aladdin asked her to leave him
mutta Aladdin pyysi häntä jättämään hänet
there was still more to be done
oli vielä tehtävää
He then went to the dead magician
Sitten hän meni kuolleen taikurin luo
and he took the lamp out of his vest
ja hän otti lampun pois liivistään
he bade the genie to carry the palace back
hän käski henkiä kantamaan palatsin takaisin

the Princess in her chamber only felt two little shocks
Prinsessa kammiossaan tunsi vain kaksi pientä järkytystä
in little time she was at home again
hetken kuluttua hän oli taas kotona
The Sultan was sitting on his balcony
Sulttaani istui parvekkeella
he was mourning for his lost daughter
hän suri kadonnutta tytärtään
he looked up and had to rub his eyes again
hän katsoi ylös ja joutui hieromaan silmiään uudelleen
the palace stood there as it had before
palatsi seisoi siellä kuten ennenkin
He hastened over to the palace to see his daughter
Hän kiiruhti palatsiin tapaamaan tytärtään
Aladdin received him in the hall of the palace
Aladdin otti hänet vastaan palatsin salissa
and the princess was at his side
ja prinsessa oli hänen vierellään
Aladdin told him what had happened
Aladdin kertoi hänelle, mitä oli tapahtunut
and he showed him the dead body of the magician
ja hän näytti hänelle taikurin ruumiin
so that the Sultan would believe him
jotta sulttaani uskoisi häntä
A ten days' feast was proclaimed
Kymmenen päivän juhla julistettiin
and it seemed as if Aladdin might now live the rest of his life in peace
ja näytti siltä, että Aladdin voisi nyt elää loppuelämänsä rauhassa
but his life was not to be as peaceful as he had hoped
mutta hänen elämänsä ei ollut niin rauhallista kuin hän oli toivonut
The African magician had a younger brother
Afrikkalaisella taikurilla oli nuorempi veli
he was maybe even more wicked and cunning than his brother

hän oli ehkä jopa ilkeämpi ja ovelampi kuin hänen veljensä
He travelled to Aladdin to avenge his brother's death
Hän matkusti Aladdiniin kostaakseen veljensä kuoleman
he went to visit a pious woman called Fatima
hän meni tapaamaan hurskasta naista nimeltä Fatima
he thought she might be of use to him
hän ajatteli, että hän voisi olla hänelle hyödyllinen
He entered her cell and put a dagger to her breast
Hän meni hänen selliinsä ja laittoi tikarin hänen rintaansa
then he told her to rise and do his bidding
sitten hän käski häntä nousemaan ja tekemään käskynsä
and if she didn't he said he would kill her
ja jos hän ei, hän sanoi tappavansa hänet
He changed his clothes with her
Hän vaihtoi vaatteensa hänen kanssaan
and he coloured his face like hers
ja hän värjäsi kasvonsa kuin hänen
he put on her veil so that he looked just like her
hän puki hänen hunnunsa niin, että hän näytti aivan häneltä
and finally he murdered her despite her compliance
ja lopulta hän murhasi hänet huolimatta hänen suostumuksestaan
so that she could tell no tales
jotta hän ei voisi kertoa tarinoita
Then he went towards the palace of Aladdin
Sitten hän meni kohti Aladdinin palatsia
all the people thought he was the holy woman
kaikki ihmiset pitivät häntä pyhänä naisena
they gathered round him to kiss his hands
he kokoontuivat hänen ympärilleen suutelemaan hänen käsiään
and they begged for his blessing
ja he anoivat hänen siunaustansa
When he got to the palace there was a great commotion around him
Kun hän saapui palatsiin, hänen ympärillään oli suuri meteli
the princess wanted to know what all the noise was about

prinsessa halusi tietää, mistä melussa oli kyse
so she bade her servant to look out of the window
joten hän käski palvelijaansa katsomaan ulos ikkunasta
and her servant asked what the noise was all about
ja hänen palvelijansa kysyi, mistä metelistä oli kyse
she found out it was the holy woman causing the commotion
hän sai selville, että hälinän aiheutti pyhä nainen
she was curing people of their ailments by touching them
hän paransi ihmisiä heidän vaivoistaan koskettamalla heitä
the Princess had long desired to see Fatima
prinsessa oli pitkään halunnut nähdä Fatiman
so she got her servant to ask her into the palace
niin hän sai palvelijansa pyytämään hänet palatsiin
and the false Fatima accepted the offer into the palace
ja väärä Fatima hyväksyi tarjouksen palatsiin
the magician offered up a prayer for her health and prosperity
taikuri rukoili hänen terveyden ja vaurauden puolesta
the Princess made him sit by her
prinsessa pakotti hänet istumaan viereensä
and she begged him to stay with her
ja hän pyysi häntä jäämään luokseen
The false Fatima wished for nothing better
Väärä Fatima ei toivonut parempaa
and she consented to the princess' wish
ja hän suostui prinsessan toiveeseen
but he kept his veil down
mutta hän piti hunnunsa alhaalla
because he knew that he would be discovered otherwise
koska hän tiesi, että hänet muuten löydettäisiin
The Princess showed him the hall
Prinsessa näytti hänelle salin
and she asked him what he thought of the hall
ja hän kysyi häneltä, mitä hän ajatteli salista
"It is a truly beautiful hall," said the false Fatima
"Se on todella kaunis sali", sanoi väärä Fatima
"but in my mind your palace still wants one thing"

"mutta mielestäni palatsisi haluaa silti yhden asian"
"And what is it that my palace is missing?" asked the Princess
"Ja mitä palatsistani puuttuu?" kysyi prinsessa
"If only a Roc's egg were hung up from the middle of this dome"
"Jos vain Rocin muna ripustettaisiin tämän kupolin keskeltä"
"then your palace would be the wonder of the world," he said
"Silloin palatsisi olisi maailman ihme", hän sanoi
After this the Princess could think of nothing but the Roc's egg
Tämän jälkeen prinsessa ei voinut ajatella muuta kuin Rocin munaa
when Aladdin returned from hunting he found her in a very ill humour
Kun Aladdin palasi metsästyksestä, hän huomasi hänet erittäin huonossa huumorissa
He begged to know what was amiss
Hän pyysi tietää, mikä oli vialla
and she told him what had spoiled her pleasure
ja hän kertoi hänelle, mikä oli pilannut hänen ilonsa
"I'm made miserable for the want of a Roc's egg"
"Minua on tehty kurjaksi Rocin munan puutteen vuoksi"
"If that is all you want you shall soon be happy," replied Aladdin
"Jos se on kaikki mitä haluat, olet pian onnellinen", Aladdin vastasi
he left her and rubbed the lamp
hän jätti hänet ja hieroi lamppua
when the genie appeared he commanded him to bring a Roc's egg
kun henkinen ilmestyi, hän käski häntä tuomaan Rocin munan
The genie gave such a loud and terrible shriek that the hall shook
Genie huusi niin kovaa ja hirveää, että sali tärisi
"Wretch!" he cried, "is it not enough that I have done

everything for you?"
"Raukka!" hän huusi: "Eikö riitä, että olen tehnyt kaiken puolestasi?"
"but now you command me to bring my master"
"mutta nyt sinä käsket minua tuomaan herrani"
"and you want me to hang him up in the midst of this dome"
"ja haluat, että ripustan hänet tämän kupolin keskelle"
"You and your wife and your palace deserve to be burnt to ashes"
"Sinä ja vaimosi ja palatsi ansaitsette tulla poltetuksi tuhkaksi"
"but this request does not come from you"
"mutta tämä pyyntö ei tule sinulta"
"the demand comes from the brother of the magician"
"vaatimus tulee taikurin veljeltä"
"the magician whom you have destroyed"
"taikuri, jonka olet tuhonnut"
"He is now in your palace disguised as the holy woman"
"Hän on nyt palatsissasi naamioituneena pyhäksi naiseksi"
"the real holy woman he has already murdered"
"todellinen pyhä nainen, jonka hän on jo murhannut"
"it was him who put that wish into your wife's head"
"hän oli se, joka laittoi toiveen vaimosi päähän"
"Take care of yourself, for he means to kill you"
"Pidä huolta itsestäsi, sillä hän aikoo tappaa sinut"
upon saying this, the genie disappeared
tämän sanottuaan henki katosi
Aladdin went back to the Princess
Aladdin palasi prinsessan luo
he told her that his head ached
hän kertoi hänelle, että hänen päänsä oli kipeä
so she requested the holy Fatima to be fetched
joten hän pyysi pyhän Fatiman hakemista
she could lay her hands on his head
hän saattoi laskea kätensä hänen päänsä päälle
and his headache would be cured by her powers
ja hänen päänsä parantuisi hänen voimillaan
when the magician came near Aladdin seized his dagger

kun taikuri tuli lähelle Aladdin tarttui tikariinsa
and he pierced him in the heart
ja hän lävisti hänet sydämeen
"What have you done?" cried the Princess
"Mitä olet tehnyt?" huudahti prinsessa
"You have killed the holy woman!"
"Sinä olet tappanut pyhän naisen!"
"It is not so," replied Aladdin
"Se ei ole niin", Aladdin vastasi
"I have killed a wicked magician"
"Olen tappanut pahan taikurin"
and he told her of how she had been deceived
ja hän kertoi hänelle, kuinka häntä oli petetty
After this Aladdin and his wife lived in peace
Tämän jälkeen Aladdin ja hänen vaimonsa elivät rauhassa
He succeeded the Sultan when he died
Hän seurasi sulttaania tämän kuollessa
he reigned over the kingdom for many years
hän hallitsi valtakuntaa monta vuotta
and he left behind him a long lineage of kings
ja hän jätti jälkeensä pitkän kuninkaiden linjan

The End
Loppu